WMF-19-005
Solo Flute and Piano

フルートプレイヤーのための新しいソロ楽譜
めちゃモテ・フルート

赤いスイートピー Red Sweet Pea

作曲：呉田軽穂　Karuho Kureta

編曲：尾形 誠、田中和音　Arr. by Makoto Ogata, Kazune Tanaka

演奏時間：3分30秒

◆曲目解説◆

1982年にリリースされた松田聖子のシングルで、彼女の数ある名曲の中でも特に人気の高い楽曲。プラトニックな恋愛模様が描かれた胸がきゅんとなる歌詞の世界観が、時代を飾るポップソングとして広く受け入れられ大ヒット。現在でも多くの人に親しまれる一曲です。

パート譜は切り離してお使いください。

赤いスイートピー
Red Sweet Pea

Karuho Kureta Arr. by Makoto Ogata, Kazune Tanaka

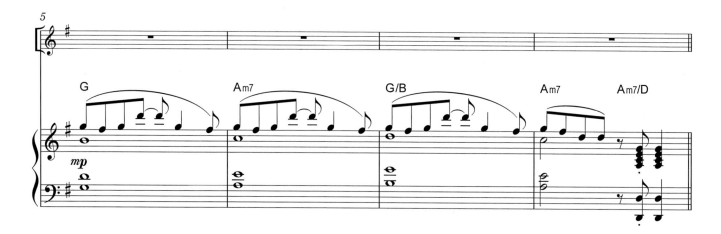

© 1982 by Sun Music Publishing, Inc.

パート譜は切り離してお使いください。

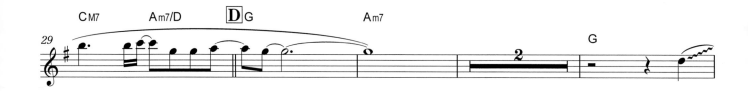

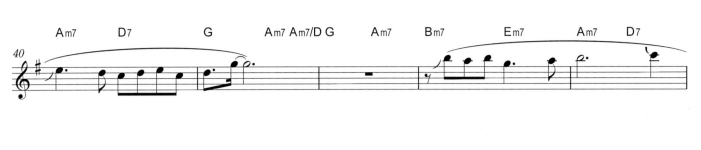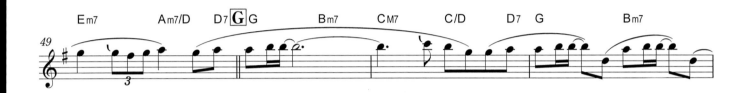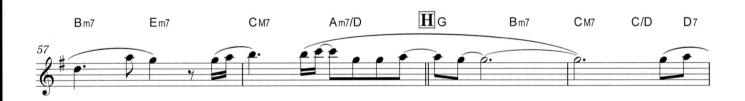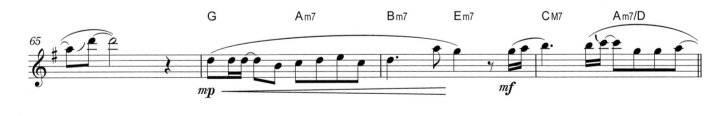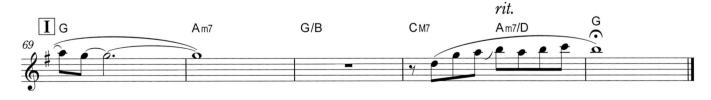

◆編曲者・演奏者プロフィール◆

尾形 誠（フルート奏者）

　1989年生まれ、宮城県仙台市出身。常盤木学園高校音楽科を経て東京藝術大学を卒業。
　大学在学中にフルートアンサンブル「FEAMS」を結成。各地で演奏会をする他、編曲を独学で学びフルートアンサンブルの曲を手がける。
　第3回jfosフルートアンサンブルコンクール最優秀賞、ジュニア管打楽器ソロコンテスト第1位他、多数受賞。
　これまでに千釜康乃氏、山元康生氏、神田寛明氏、中野富雄氏、竹澤栄祐氏、仙台ジュニアオーケストラで芦澤暁男氏、ジャズを坂上領氏の各氏に師事。

田中和音（作曲・ピアニスト）

　1987年8月30日大阪生まれ。
　幼少の頃よりクラシックピアノをはじめ、10歳でジャズピアノに転向。野球、ソフトボールと遊びに没頭した高校時代を経て、大阪芸術大学へ入学。関西を代表するジャズピアニスト、近秀樹氏に師事する。
　2010年、ピアニストとして参加している「あきは・みさき・BAND」が、横浜ジャズプロムナード、金沢ジャズストリートのコンペティションにおいて、グランプリをダブル受賞。

ご注文について

ウィンズスコアの商品は全国の楽器店、ならびに書店にてお求めになれますが、店頭でのご購入が困難な場合、当社WEBサイト・電話からのご注文で、直接ご購入が可能です。

◎当社WEBサイトでのご注文方法

winds-score.com

上記のURLへアクセスし、オンラインショップにてご注文ください。

◎お電話でのご注文方法

TEL.0120-713-771

営業時間内に電話いただければ、電話にてご注文を承ります。

※この出版物の全部または一部を権利者に無断で複製(コピー)することは、著作権の侵害にあたり、著作権法により罰せられます。

※造本には十分注意しておりますが、万一、落丁・乱丁などの不良品がありましたらお取り替えいたします。また、ご意見・ご感想もホームページより受け付けておりますので、お気軽にお問い合わせください。